DON BOSCO

Bücken-Schaal, Hoppe

Die 50 besten Spiele zur alltagsintegrierten Sprachbildung

DON BOSCO

MiniSpielothek

**Gerne nehmen wir Ihre Anregungen,
Wünsche, Kritik oder Fragen entgegen:**
Don Bosco Medien GmbH, Sieboldstraße 11, 81669 München
anregungen@donbosco-medien.de
Servicetelefon: 089 / 48008-341

Monika Bücken-Schaal, Dipl.-Sozialpädagogin, Multiplikatorin „Alltagsintegrierte Sprachbildung und Beobachtung im Elementarbereich". Die Autorin gibt (Team-)Fortbildungen für pädagogische MitarbeiterInnen von Kitas sowie Eltern-Kind-Seminare rund um Bewegung – Ruhe – Klänge.
m.buecken-schaal@t-online.de, www.buecken-schaal.de

Stephanie Heukamp, Erzieherin, Tanzpädagogin, Multiplikatorin „Alltagsintegrierte Sprachbildung und Beobachtung im Elementarbereich". Die Autorin arbeitet in einer Einrichtung mit Inklusionsschwerpunkt und gibt Fortbildungen für pädagogische Fachkräfte im Bereich Sprachförderung.
steffi.heukamp@gmx.de

Bibliografische Information der Deutschen Nationalbibliothek

Die Deutsche Nationalbibliothek verzeichnet diese Publikation in der Deutschen Nationalbibliografie; detaillierte bibliografische Daten sind im Internet über http://dnb.d-nb.de abrufbar.

3. Auflage 2020 / ISBN 978-3-7698-2312-7

www.donbosco-medien.de
Umschlag und Umschlagillustration: Manfred Lehner, Blue Cat Design
Layout: Alexandra Paulus
Satz: Don Bosco Medien GmbH, München
Druck: Don Bosco Druck & Design, Ensdorf

Gedruckt auf umweltfreundlichem Papier

Inhalt

Die alltäglichen Aufgaben und Schwierigkeiten sind gerade die, an denen man reift.

Johann Gottfried Kinkel

Hören – Tasten – Spüren

Spiele zu den Voraussetzungen des Spracherwerbs

Das Eichhörnchen liebt Nüsse

Die Gruppe sitzt rings um ein großes braunes Tuch. Die Spielleitung erzählt eine Geschichte, in der das Wort „Nuss“ mehrmals vorkommt. Entsprechend der Kinderanzahl und der Häufigkeit des Begriffes „Nuss“ in der Geschichte, liegen Nüsse auf dem Tuch (für nachfolgende Beispielgeschichte drei Nüsse pro Kind). Immer, wenn das Wort „Nuss“ genannt wird, nehmen sich alle Kinder eine solche und halten sie in den Händen oder legen sie vor sich ab.

Beispielgeschichte

Das Eichhörnchen freut sich. Es wohnt in der Nähe der Stadt in einem schönen Park. Dort läuft es geschwind die Bäume hoch und hüpft von Ast zu Ast. Im Herbst sammelt es seine Wintervorräte. Wenn es eine <u>Nuss</u> findet, freut es sich ganz besonders. Gerne unternimmt das Eichhörnchen einen Ausflug zum Fluss. Es sieht dem plätschernden Wasser zu. Das sieht ganz wunderbar aus. Manchmal traut sich das Eichhörnchen in die Stadt. Auch dort findet es hier und da am

Wegesrand eine Nuss. Was es in der Stadt alles zu entdecken gibt! Es gibt viele Autos zu sehen und das Eichhörnchen schaut gespannt zu. Heute kommt sogar ein Bus an die Haltestelle gefahren und hält. Ein Junge mit grünem Anorak und Bommelmütze will einsteigen. Schnell gibt ihm die Mama noch einen Kuss. Der Junge steigt fröhlich ein. Schon fährt der Bus los. Nun merkt das Eichhörnchen, dass es Hunger hat. Es will in seinen Park zurück. Ob es zwischendurch noch eine leckere Nuss findet? Es hüpft fort und freut sich darauf, noch mehr Schätze zu sammeln.

Hinweis

Neben dem Schlüsselwort „Nuss“ sind der Geschichte ähnliche Begriffe (Fluss, Bus, Kuss) zugefügt worden. Es gilt, diese Wörter voneinander zu unterscheiden.

Material

braunes Tuch, Nüsse

Kratzig oder weich – Spiel mit Seilen

Auf dem Boden des Bewegungsraumes werden mit einigem Abstand Springseile (möglichst aus Naturhanf) ausgebreitet. Die Spielleitung stellt ein paar Aufgaben, z. B. über die Seile hüpfen, an ihnen entlang trippeln, rückwärts an ihnen vorbeigehen. Die Aufgaben begleitet sie mit einer Handtrommel. Die Kinder führen die Aufgaben aus und bewegen sich im Rhythmus der Trommel. Mit einem Trommelschlag wird jeweils die neue Aufgabe eingeleitet. Anschließend legen je zwei Kinder mit einem Seil eine Figur auf den Boden und umfahren diese mit einer dicken Perle. Weitere Spielideen der Kinder werden aufgegriffen.

Nach einem Signal mit der Handtrommel setzen sich alle hin und tauschen sich darüber aus, was alles mit den Seilen erlebt wurde.

Nehmen die Kinder die Seile nochmals in die Hand, muntert die Spielleitung sie auf, ihre Seile bewusst zu ertasten: Ob das auch mit geschlossenen Augen geht? Wie fühlt sich das Seil eigentlich an? Die Antworten der Kinder werden gesammelt. Dabei wird festgestellt, wie unterschiedlich die Seile empfunden werden können (kratzig, kitzelig, weich, fest, biegsam, starr, dick, dünn, haarig, gerillt ...). Es sind wahre Zauberseile!

Hinweis

Die Beschreibung der Beschaffenheit der Seile kann ausschließlich auf der Basis der (taktilen) Wahrnehmung erwachsen. Das „Be-greifen" spielt hier eine entscheidende Rolle.

Material

Handtrommel, Springseile (möglichst aus Naturhanf) und dicke Perlen (jeweils halb so viele, wie Kinder mitspielen)

Das Jahreszeiten-Spiel

In Anlehnung an das Spiel „Feuer – Wasser – Blitz“ werden passend zur Jahreszeit einige Begriffe ausgewählt und mit bestimmten Tätigkeiten verknüpft. Für den Winter bieten sich beispielsweise folgende Begriffe und Bewegungen an:

- Schnee/schneien: Finger deuten das Rieseln von Schneeflocken an
- Schneesturm: Kinder laufen durch den Raum
- Schneeberg: Kinder legen sich zu Bergen übereinander
- Schlitten fahren/Schlitten: ein Kind legt sich auf den Bauch, ein weiteres Kind setzt sich auf dessen Po
- Schneemann: Kinder stellen sich ruhig hin

Die Begriffe werden von der Spielleitung einzeln gerufen. Dazu führen die Kinder dann jeweils die passende Tätigkeit durch. Das ruhige Stehen als Schneemann sollte das beruhigende Ende bilden.
Um das Spiel an eine andere Jahreszeit anzupassen, müssen die Begriffe und Bewegungen entsprechend verändert werden.

Variation

Die Begriffe können in Form einer kleinen Geschichte abwechselnd genannt werden. Die Kinder hören die Geschichte und bewegen sich dazu durch den Raum. Die zuvor vorgestellten Begriffe begleiten sie mit den entsprechenden Bewegungen.

Geschichte: Jan und Lea (Namen wählen, die nicht in der Gruppe vorkommen) freuen sich. Es hat angefangen zu schneien. Es schneit immer mehr und plötzlich hat sich ein richtiger Schneesturm entwickelt. Es hat so viel geschneit, dass sich ganz viele Schneeberge gebildet haben. Die Kinder freuen sich. Sie wollen Schlitten fahren. Sie setzen sich auf ihren Schlitten und – hui – fahren sie die Schneeberge hinab. Als sie davon genug haben, bauen sie einen schönen Schneemann, der fröhlich aussieht und ganz ruhig dasteht. Wovon der Schneemann wohl träumt?

Gleich und gleich?

Eine Kiste (in der Größe eines Wäschekorbes) wird mit Bohnen oder Sand gefüllt. Dann werden mehrere Gegenstände in doppelter Ausführung (z. B. Herbstfrüchte, Nüsse) in der Kiste versteckt. Das erste Kind beginnt zu tasten. Es versucht, zwei gleiche Gegenstände zu finden, und benennt dabei, was es fühlt. Glaubt es, ein Paar gefunden zu haben, holt es die Hände hervor und schaut nach. Hat es recht, behält es die gefundenen Gegenstände. Diese werden dann in der Kiste ersetzt. Lag das Kind falsch, werden die gefundenen Gegenstände wieder in der Kiste versteckt, und das nächste Kind ist an der Reihe.

Material

große Kiste, Bohnen oder Sand als Füllmaterial, Gegenstände (je zwei gleiche)

Regentanz

Die Kinder stehen im Kreis und haben in jeder Hand ein Chiffontuch. Ein Kind steht in der Mitte mit einem Regenmacher. Während es den Regenmacher langsam herumdreht, bewegen sich die Kinder im Kreis und schwingen ihre Tücher. Verklingt der Regenmacher, gehen alle Kinder zur Mitte. Das Kind in der Mitte tauscht mit einem anderen Kind seinen Platz und den Regenmacher gegen dessen Tücher ein. Die übrigen Kinder gehen zurück auf die Kreisbahn. Dann beginnt das Spiel von vorn.

Variation

Die Bewegungen mit den Tüchern können mit ruhiger, instrumentaler „Schwebe“-Musik unterstützt werden. So entsteht ein leichter Regentanz.

Material

Regenmacher, Chiffontücher, evtl. Instrumentalmusik

Sapperlot – was ist denn das?

Beim Ertasten von Gegenständen sollten die Füße häufiger miteinbezogen werden.
Jedes Kind sucht sich einen Spielpartner. Das Kind, das zuerst raten wird, sitzt auf einem Stuhl. Das andere Kind sitzt davor und hat die Aufgabe, nacheinander einzelne Materialien in einen Stoffbeutel zu legen. Sobald es etwas versteckt hat, ruft es den Satz: „Sapperlot, was ist denn das?“ Dies ist für das erste Kind das Signal, mit seinen Füßen den Gegenstand im Beutel zu ertasten. Hat das tastende Kind erraten, was versteckt wurde, so ruft es laut: „Sapperlot, es ist ein ...!“ Anschließend werden die Rollen getauscht.
Bei ungeübten Kindern können dieselben Gegenstände verwendet werden wie in der Raterunde zuvor.

Hinweis

Das Auswählen von Spiel- und Alltagsgegenständen unterstützt insbesondere Kinder, die der deutschen Sprache (noch) nicht so mächtig sind. So werden für sie in diesem Spiel alltägliche Begriffe, wie Auto, Bauklotz, Stift, Murmel und Schere, wiederholt. Für geübtere Kinder oder solche, die bereits einen größeren deutschen Wortschatz haben, können z.B. auch Naturschätze, Korken oder Schnüre ausgewählt werden.

Material

für jedes Kinderpaar: Gegenstände zum Ertasten, Stoffbeutel

Was könnte das sein? – Es ist von daheim!

Im Gesprächskreis werden mit den Kindern verschiedene Geräusche benannt oder ausprobiert, die sie aus dem Kindergarten kennen. Dies könnte z. B. das Klopfen mit einem Löffel gegen eine Tasse sein oder das Aufeinanderstellen von Bausteinen. Im Anschluss erhalten die Kinder die Aufgabe, einen Gegenstand, mit dem man ein Geräusch erzeugen kann, von zu Hause mitzubringen. Wichtig ist dabei, dass der Gegenstand unerkannt in den Kindergarten gelangt, z. B. verdeckt in einem Beutel. Im nächsten Gesprächskreis dürfen die Kinder ihre Geräusche versteckt vormachen und die anderen Kinder versuchen, sie zu erraten.

Hinweis

Das Mitbringen von zu Hause erhöht die Motivation der Kinder, mit Gegenständen zu experimentieren, um Geräusche zu erzeugen.

Zeitungszauber

Bei diesem Spiel geht es darum, Geräusche zu erkennen und zu unterscheiden.
Jedes Kind erhält ein Zeitungsblatt, um damit Geräusche zu erzeugen. In einer Experimentierphase probiert jedes Kind für sich verschiedene Geräusche aus. Anschließend werden die Geräusche der Gruppe vorgeführt und es wird erklärt, wie das Geräusch entstanden ist (Zeitung zerknüllen, zerreißen, hin- und herwedeln, fest ausschlagen, mit beiden Händen schnell zur Seite ziehen, mit der Schere durchschneiden ...).
Im Anschluss wird „Zeitungszauber" gespielt: Hinter einem Sichtschutz (z.B. umgekippter Tisch) führt ein Kind mit der Zeitung ein Geräusch vor, das die übrigen Kinder erraten sollen. Haben sie herausgefunden, wie das Geräusch erzeugt wurde, darf ein anderes Kind „Zeitungszauberer" sein.

Material

Zeitung, Schere

Füße wecken

Die Spielleitung trägt folgenden Vers vor und die Kinder ahmen die beschriebenen Bewegungen nach. Dabei können immer wieder Pausen eingelegt werden, damit ausreichend Muße zum Streicheln, Kneten und Zupfen des Fußes bleibt.

Ich nehme meinen rechten Fuß
in meine Hand mit frohem Gruß.
Ich streichle ihn recht freundschaftlich,
das mag er sehr, ganz sicherlich.
Dann knete ich ihn mit Bedacht,
ja, liebe Kinder, gebt fein acht.
Jetzt zupfe ich die Zehen lang,
das tut ihm gut, drum ist es dran.
Mein linker Fuß kommt an die Reih',
er freut sich drauf, ganz einwandfrei.
So streichle, knete, zupfe ich,
den zweiten Fuß ganz inniglich.
Die Füße danken's mir direkt,
so geht's mir gut – das ist perfekt.

(aus: M. Bücken-Schaal, Gib auf dich acht! 30 Spielverse und Rituale zur Achtsamkeit, Don Bosco 2016)

Such den warmen Schatz!

Eine Kiste (in der Größe eines Wäschekorbes) wird mit sehr viel Material (z.B. Kastanien, Korken, Bohnen) gefüllt. Nun setzen sich die Kinder um die Kiste herum. Während sich ein Kind die Augen zuhält, verbuddeln die anderen ein bis drei Wärmekompressen in der Kiste. Rufen die Kinder „Such den warmen Schatz!“, öffnet das Kind die Augen und geht in der Kiste mit den Händen auf Schatzsuche. Hat es den „Schatz“ gefunden, ist ein anderes Kind an der Reihe.

Hinweis

Das Suchen nach Gegenständen wird hier um den Temperaturreiz erweitert. Da die Kompressen ihre Temperatur auch an die Umgebung abgeben, wird das Kind durch die sich ändernde Temperatur zum Gegenstand geführt.

Material

große Kiste, Füllmaterial (z.B. Kastanien, Korken, Bohnen), ein bis drei Wärmekompressen

Im Mund gehts rund

Dynamische Spiele zur Mundmotorik

Korken-Sing-König

Mit einem Korken zwischen den Zähnen verändert sich das Sprechen schlagartig. Um sich dennoch mitteilen zu können, ist eine genaue Artikulation notwendig. Mit diesem Spiel kann sie auf fröhliche Art und Weise gefördert werden. Die Spielleitung kann folgende Fragen stellen:

- Welches Kind kann mit einem Korken, der von den Zähnen gehalten wird, so sprechen, dass es die anderen Kinder gut verstehen können?
- Wer kann vielleicht sogar ein Lied singen?

Das Kind, das von der Mehrheit der anderen Kinder verstanden wird, ist an diesem Tag der Korken-Sing-König.

Material

pro Kind ein Korken

Die Zunge macht Hausputz

Die Kinder führen zu folgendem Vers die entsprechenden Bewegungen der Zunge aus.

Zur **Mit**tags**stun**de **gibt** es **Es**sen.
Und **ist** der **Tel**ler **leer** ge**ges**sen,
schluckst **du** den **letz**ten **Bis**sen **run**ter –
ja, **dei**ne **Zun**ge, **die** wird **mun**ter.

So **wie** der **Tisch** ist **ab**ge**räumt**,
da **wird** im **Mund** nun **auf**ge**räumt**:

Zu**erst** putzt **sie** die **Zäh**ne aus
und **schmeißt** die **letz**ten **Res**te **raus**.
Sie **klet**tert **auch** bis **ganz** nach **o**ben
und **wischt** die **De**cke – man **muss** sie **lo**ben.

**Hat** sich **vor** den **Zäh**nen **was** ver**steckt**,
wird's **von** der **Zun**ge **schnell** ent**deckt**.
Sie **fährt** da **o**ben **hin** und **her**,
auch **un**ten **fällt** es **ihr** nicht **schwer**.

Dann **wischt** sie **noch** die **Wan**gen **leer**
und **schaut**, wo **noch** ein **Krü**mel **wär**.

Sie **leckt** sich **dann** die **Lip**pen **ab,**
auch **das** hält **sie** ganz **schön** auf **Trab.**

Ist **al**les **sau**ber, **gibt** sie **Ruh**
und **schließt** den **Mund** ganz **fes**te **zu.**
Dann **gibts** fürs **Ko**chen **noch** zum **Schluss**
für die **Kö**chin **ei**nen **Kuss.**

Blubber-Gesang

Ein Silikonschlauch wird in eine kleine Trinkflasche gesteckt, die maximal zur Hälfte mit Wasser gefüllt ist. Das Kind wird zunächst aufgefordert, durch diesen Schlauch auf „u“ in das Wasser zu „singen“. Dazu können folgende Fragen gestellt werden:

- Klappt das auch mit anderen Vokalen?
- Können hohe wie auch tiefe Töne „gesungen“ werden?
- Wie verändern sich die Töne, wenn der Schlauch mal tiefer im Wasser steckt oder weiter hochgezogen wird?

Das lustvolle Experimentieren mit der eigenen verstellten Stimme sollte für das Kind im Vordergrund stehen.

Hinweis

Diese Übung bereitet den Kindern Freude, ist leicht umzusetzen und hat eine umfassende Wirkung. Sie mindert Spannungen im Kieferbereich und sie fördert eine schnelle Regeneration gereizter Stimmlippen, eine tiefe Atmung und eine einfache Lautbildung, sodass Sprechen ohne Anstrengung leichter möglich wird.

Material

Silikonschlauch für jedes Kind, kleine Trinkflaschen

Das k-t-p-Monster

Die Spielleitung erzählt eine Geschichte vom k-t-p-Monster. Hierbei ahmt sie die Bewegungen und Laute des kleinen Monsters nach und muntert die Kinder auf, es ihr gleichzutun. Dabei werden die Konsonanten k, t und p ohne Anklingen der Vokale gesprochen.

Geschichte

Es lebte einmal ein kleines, munteres Monster im Wald. Es hüpfte froh seines Weges *(hüpfen)*, liebte es, Bäume hinaufzuklettern *(klettern andeuten)*, und wenn es lief, klopften seine Füße an seinen Po *(mit Füßen an Po klopfen)*. Unser kleines Monster konnte nur drei Buchstaben sprechen: k-t-p, deshalb hieß es auch das k-t-p-Monster. Diese Buchstaben plapperte es fröhlich vor sich hin: k-t-p, k-t-p, k-t-p *(nachsprechen)*. Dabei legte es, wenn es „k" sagte, seine Hände vorsichtig vorne unten an seinen Hals *(Hände an den Hals legen)*, bei „t" auf seine Wangen *(Hände an die Wangen legen)* und bei „p" auf seine Lippen *(Hände an die Lippen legen)*. So konnte es manche Buchstaben sogar spüren. Eines Tages, als es mit seinem k-t-p, k-t-p, k-t-p *(nachsprechen)* schon viele Tiere im

Wald begrüßt hatte, hüpfte, kletterte und lief das kleine Monster wieder weiter. An diesem Tag lief es so schnell *(auf einer Stelle laufen)*, dass es stolperte und hinpurzelte *(auf den Boden fallen lassen)*. Oje, denn nun purzelten auch die Buchstaben in seinem Mund. Das hörte sich so an: t-p-k, t-p-k, t-p-k *(nachsprechen)*. Das kleine Monster staunte. Nach einer Weile hüpfte es wieder los *(hüpfen)* und gerade, als es auf den nächsten Baum klettern wollte, purzelte es wieder und damit auch die Buchstaben in seinem Mund *(auf den Boden fallen lassen)*. Wisst ihr, wie sich das anhörte?: p-t-k, p-t-k, p-t-k *(nachsprechen)*. Das fand das kleine Monster so spaßig, dass es einen Purzelbaum machte *(Purzelbaum schlagen)*. Und wisst ihr was? Anschließend waren alle Buchstaben wieder in der richtigen Reihenfolge: k-t-p, k-t-p, k-t-p *(nachsprechen)*. Unser kleines Monster klatschte vor Freude. Es ging ihm richtig gut.

Hinweis

Mit diesem Spiel wird die Verbindung von Mundmotorik, guter, aber nicht übertriebener Artikulation, Körperspannung und -atmung gefördert.

Schlangenbeschwörer

Als Vorbereitung wird für jedes Kind eine Lakritz- oder Gummibärchenschlange auf einen Teller gelegt und dieser auf einen Stuhl gestellt. Anschließend wird folgende Geschichte erzählt, bei der die Kinder an den entsprechenden Stellen mitmachen.

Geschichte

Im fernen Orient trifft man sich jedes Jahr zum großen Schlangenbeschwörer-Wettbewerb. Aus allen Teilen des Landes kommen die besten Schlangenbeschwörer. Auf dem Marktplatz sitzen sie mit ihren Körben, in denen die Schlangen noch schlafen. Die Zuschauer fiebern gespannt mit, wer gewinnen wird.
Die erste Aufgabe, die die Schlangenbeschwörer bewältigen müssen, ist das Herausholen der Schlangen aus den Körben. Hierfür schnalzen sie zuerst mit der Zunge und nähern sich dann behutsam einer Schlange *(mit der Zunge schnalzen, dann mit den Zähnen, ohne Hilfe der Hände, ein Ende der Schlange packen und hochheben)*.

Haben sich die Schlangen erhoben, werden sie vorsichtig wie eine Spirale auf der Hand zusammengelegt *(die Schlange mit den Lippen halten und auf der Handfläche wie eine Schnecke ablegen)*.
Als Nächstes sollen die Schlangen zum Tanzen gebracht werden *(Schlange mit dem Mund in Kreisbewegungen in der Luft drehen)*.
Zum Schluss müssen sie auf das Kommando des Maharadschas die Schlangen so schnell wie möglich verschwinden lassen *(die Schlange mit den Lippen, ohne Hilfe der Hände, in den Mund befördern und aufessen)*.

Hinweis

Dies kann in seltenen Fällen auch beim Mittagessen mit der ersten Spaghetti gespielt werden.

Material

Lakritz- oder Gummibärchenschlangen, Teller

Perlensauger

In einer Schale werden pro Kind je 10 Perlen einer Farbe (für jedes Kind eine Farbe) gemischt. Dabei muss darauf geachtet werden, dass die Perlen größer sind als der Durchmesser eines Strohhalmes.
Jedes Kind erhält einen Strohhalm und eine kleine Schale. Nun versuchen die Kinder die Perlen der eigenen Farbe durch Ansaugen mit dem Strohhalm aus der großen Schale in die jeweilige kleine Schale zu transportieren.

Hinweis

Das bewusste Ansaugen bereitet Kindern oft noch Schwierigkeiten. Um den Kindern den Unterschied zwischen pusten und saugen zu verdeutlichen, kann man ihnen abwechselnd mit dem Strohhalm auf die Handinnenfläche pusten und ihre Handfläche mit dem Strohhalm ansaugen.

Variation

Dieses Spiel kann auch als Wettspiel gespielt werden.

Material

Strohhalme, Perlen (etwas größer als der Durchmesser eines Strohhalmes, pro Farbe 10 Perlen), eine große Schale, pro Kind eine kleine Schale

Fliegen fangen

Bei diesem Spiel geht es gezielt um die Zungenmotorik. Im Gespräch wird mit den Kindern besprochen, dass der Frosch sein Futter (Fliegen) mit seiner langen Zunge fängt. Er erwischt aber immer nur eine einzelne Fliege. Auf einem Kaffeefilter werden nun Schokostreusel („Fliegen“) so verteilt, dass sie möglichst einzeln liegen. Aufgabe der Kinder ist es nun, mit der Zungenspitze immer nur eine „Fliege“ so vom Filterpapier aufzunehmen, dass dieses dabei sauber bleibt.

Hinweis

Filterpapier nimmt sehr leicht Feuchtigkeit auf. Daher müssen die Kinder darauf achten, nur die Streusel mit der Zunge zu berühren. Sonst entstehen sofort Flecken. Das ist nicht ganz einfach, da die Kinder die Streusel nicht im Blick haben, sondern sich auf ihr Gefühl in der Zungenspitze verlassen müssen.

Material

Schokostreusel, Kaffeefilter

Pusteblumen-Reim

Die Kinder sprechen mit der Spielleitung folgenden Reim, um spielerisch den Mundschluss mit den Lauten „p“ und „pf“ zu üben.

Auf der Wiese, oh, wie schön,
könn’ wir viele Blumen sehn.
Eine zieht uns magisch an,
weil man sie fein pusten kann.

Pusteblume, ach, wie nett,
pusten wir nun um die Wett:
p p p p p p p,
pf pf pf pf pf pf pf,
pusten feste und mal sacht,
liebe Kinder, gebt fein acht.

Alle Samen fliegen fort,
hin zu einem neuen Ort.
Und im nächsten Frühjahr dann,
fängt das Spiel von vorne an:
p p p p p p p,
pf pf pf pf pf pf pf.

Kussmundbilder

Die Kinder tragen vor dem Spiegel Lippenstift auf ihre Lippen auf, eventuell mithilfe der Spielleitung. Mit den gefärbten und zum Kussmund geformten Lippen wird nun eine einzelne Spiegelfliese (auf dem Tisch liegend) „bemalt“. Vielleicht entsteht dabei sogar ein schönes Muster auf der Spiegelfliese.

Hinweis

Die ü- und ö-Laute fallen vielen Kindern aus den arabischen Ländern schwer, da diese Vokale für sie ungewohnt sind. Kussmund-Übungen unterstützen den Erwerb dieser Laute.

Material

je ein Lippenstift und eine Spiegelfliese pro Kind

Mundmalerei

Auf einem Tisch werden Malutensilien bereitgestellt. Jedes Kind rührt nun mit dem Pinsel so viel Wasser in die Farbe, bis die Wasserfarbe schön flüssig ist. Dann nimmt es den Stiel des Pinsels in den Mund und malt bunte Muster auf das Papier. Das Malen geschieht also mit dem Mund. Zum Wechseln der Farben werden die Hände zu Hilfe genommen.

Hinweis

Das Halten des Pinsels erfordert ein festes Zusammendrücken der Lippen und eine Stabilisierung durch die Zunge. Dadurch werden die Lippen- und Zungenmuskeln trainiert, die für die Bildung von Lauten wichtig sind. Da das Malen durch die ungewohnte Beanspruchung der Mundmuskulatur auch anstrengend ist, sollten immer wieder Pausen eingelegt werden, z. B. beim Säubern der Pinsel oder beim Farbwechsel.

Material

Papier, Pinsel, Wasserfarben, Wassergefäß

Laute – Rhythmus – Melodie

Spiele zu Phonetik, Phonologie und Prosodie

Rollender Klangball

Die Kinder sitzen im Kreis auf dem Boden. Ein Kind erhält einen Ball. Es rollt ihn vor sich in kleinen Kreisen, wobei die Hand am Ball bleibt. In dieser Phase denkt es sich einen Klang aus – einen Laut in bestimmter Höhe, Lautstärke und Melodie – und begleitet die Rollbewegungen des Balles mit diesem Klang. Nun nennt es den Namen eines zweiten Kindes. Den gewählten Klang bildend, rollt es den Ball dem ausgewählten Kind zu. Dieses nimmt den Ball entgegen. Das erste Kind verstummt nun und das zweite verfährt genauso wie das Kind zuvor: Es denkt sich einen Klang für den Ball aus und das Spiel beginnt von vorn.

Material

Ball (z. B. Tennisball)

Wir wollen uns begrüßen

Alle stehen im Kreis. Die Spielleitung singt mit den Kindern folgenden Text zur Melodie von „Ein Männlein steht im Walde“. Dazu führen alle die passenden Bewegungen aus.

1. Wir wollen uns begrüßen in diesem Kreis
   und klatschen mit den Händen erst laut dann leis'.

   Refrain:
   Mach dich lang und strecke dich,
   mach dich klein, verstecke dich,
   dreh dich dann im Krei-ei-eis, ver-beu-ge dich.

2. Wir wollen uns begrüßen in diesem Kreis
   und stampfen mit den Füßen erst laut dann leis'.

3. Wir wollen uns begrüßen in diesem Kreis
   und schnipsen mit den Fingern erst laut dann leis'.

4. Wir wollen uns begrüßen in diesem Kreis
   und patschen auf die Beine erst laut dann leis'.

Hinweis

Reime, Lieder und Verse schulen die phonologische Bewusstheit. Durch die Umsetzung in Bewegungen spüren die Kinder den Rhythmus und können sich Reime und Verse leichter merken.

Sch-sch-sch, der Zug rollt an

Die Spielleitung spricht mit den Kindern den folgenden Reim und alle machen dazu die passenden Bewegungen und Geräusche.

Auf** dem **Bahn**hof **am** Ge**leise
***hör** ich's **kom**men, **a**ber **lei**se.*
Hand an Ohr

***Ei**ne **al**te **Ei**sen**bah**ne*
***nä**hert **sich** mit **wei**ßer **Fah**ne.*
sch sch sch sch sch (leise)

Im**mer **nä**her **schleicht** sie **ran,
***man** sie **schon** gut **hö**ren **kann**.*
sch sch sch SCH SCH (lauter werden)

*Mit **lau**tem **Zi**schen **fährt** sie **ein,***
***in** den **al**ten **Bahn**hof **rein**.*
SCH SCH SCH SCH (laut)

***Stot**tert **dann** mit **Ach** und **Krach**,*
***ganz** viel **Dampf** bis **hoch** zum **Dach**.*
SCH SCH SCH sch sch... (stoßweise leiser werden,
dann mit sch ausatmen)

***Küss**chen **hier** und **Tschüss**chen **da**,*
***Win**ken **hier** und **Hal**lo **da**.*
Kuss/winken; winken/Kusshand

***Macht** sie **ei**ne **klei**ne **Pau**se,*
***denn** sie **ist** ja **hier** zu **Hau**se.*
ausatmen

***Kommt** der **Pfiff** des **Schaff**ners **dann**,*
***fängt** sie **gleich** zu **fau**chen **an**.*
***Stößt** die **Wölk**chen **kräf**tig **aus**,*
SCH SCH SCH (stoßweise und laut)

***wird** dann **schnel**ler **und** fährt **raus**.*
SCH SCH SCH (laut und schneller werden)

Bis** sie **nicht** mehr **ist** zu **seh'n
***und** kein **Laut** mehr **zu** ver**nehm'**.*
SCH SCH SCH sch sch (leiser werden)

Quatsch-Rap

Die Spielleitung spricht mit den Kindern den folgenden Quatsch-Rap und alle bewegen sich passend dazu.

__Kin__der __sagt__, ich __hab__ hier __Fra__gen,
__könnt__ ihr __mir__ die __Ant__wort __sa__gen?
im Rhythmus abwechselnd auf das rechte und linke Bein patschen

__Kön__nen __Au__tos __wirk__lich __flie__gen?
Nein, nein, nein!
Kinder schütteln rhythmisch Kopf und Zeigefinger

__Kön__nen __Tre__cker __Zu__cker __wie__gen?
Nein, nein, nein!
siehe oben

__Kön__nen __Krä__ne __Dra__chen __flie__gen?
Nein, nein, nein!
siehe oben

***Kön**nen **Au**tos **links** ab**bie**gen?*
Ja, das stimmt!
Kinder patschen beidhändig dreimal auf die Beine und nicken mit dem Kopf

***Kön**nen **Schwei**ne **Wä**sche **wa**schen?*
Nein, nein, nein!
Kinder schütteln rhythmisch Kopf und Zeigefinger

***Und** die **Kü**he **Sü**ßes **na**schen?*
Nein, nein, nein!
siehe oben

***Kön**nen **Scha**fe **Stra**ßen **fe**gen?*
Nein, nein, nein!
siehe oben

***O**der **Hüh**ner **Eier** **le**gen?*
Ja, das stimmt!
siehe oben

***Kön**nen **Ster**ne **Strüm**pfe **stri**cken?*
Nein, nein, nein!
siehe oben

Und *Pla**ne**ten* ***Lö****cher* ***flic****ken?*
Nein, nein, nein*!*
siehe oben

Muss *der* ***Mond*** *mal* ***wei****nen?*
Nein, nein, nein*!*
siehe oben

Kann *die* ***Son****ne* ***schei****nen?*
Ja, das stimmt*!*
siehe oben

Hinweis

Dieser Quatsch-Rap in Reimform fördert die phonologische Bewusstheit und schult das Gefühl für Rhythmik. Die Nonsensverse machen Spaß und motivieren die Kinder, selbst neue Nonsensverse in Reimform zu erfinden.

Tiki, tiki, tako, tako

Die Spielleitung singt mit den Kindern den folgenden Text zur Melodie des Liedes „Die Wissenschaft hat festgestellt".

> ***Al**le **Kin**der **froh** und **jeck**, **froh** und **jeck**,*
> ***froh** und **jeck**,*
> ***lie**ben **Lie**der **laut** und **keck**, **laut** und **keck**:*
> ***ti-ki**, ti-**ki**, **ta-ko**, ta-**ko**,*
> ***ti-ki**, ti-**ki**, tako, tako, **ti**!*

Statt „lieben" können in weiteren Strophen folgende Verben eingesetzt werden: stampfen, klatschen, klopfen, trommeln, schnipsen, hüpfen. Dazu werden von allen passende Bewegungen ausgeführt.

Abzählverse und Zungenbrecher

Mit Abzählversen aus dem Volksgut kann vor Spielen bestimmt werden, welches Kind das Spiel beginnt. Mit Abzählversen wird die Satzmelodie eingeübt. Zungenbrecher können immer wieder in den Kitaalltag eingestreut werden, um Aussprache und Konzentration zu fördern.

Hexe Min*ka,* ***Ka****ter* ***Pin****ka,*
Vo*gel* ***Fu, raus*** *bist* ***du.***

Eins, zwei, drei,
wig*gel,* ***wag****gel,* ***wei,***
wig*gel,* ***wag****gel,* ***wug****ge****lein,***
wel*ches* ***Kind*** *soll* ***es*** *nun* ***sein****?*

Die Köchin mit dem Tupfenkopftuch
kocht Karpfen in einem Kupferkochtopf.

Die Bürsten mit den schwarzen Borsten bürsten besser,
als die Bürsten mit den weißen Borsten bürsten.
Brch ..., brch ..., brch ...

Echo-Spiel

Ein Kind spricht einen Satz, z. B. „Der Kasper hat Schnupfen“, in einer bestimmten Stimmung (fröhlich, interessiert, traurig, ärgerlich, gelangweilt ...). Die übrigen Kinder antworten nacheinander mit ihrem Echo-Ruf in der vorgemachten Stimmung. Das erste Kind bestimmt, in wessen Antwort-Ruf es sich am meisten wiederfindet. Dieses Kind darf nun selbst einen neuen Satz in einer selbst gewählten Stimmung sprechen und das Spiel beginnt von vorn.

Variation

Wenn die Gruppe ihr Echo gegeben hat, kann überlegt werden, wie sich aus dem vorgegebenen Satz je nach Sprachmelodie, Betonung und Stimmung eine Geschichte entwickeln könnte.

Hinweis

Dieses Spiel fördert das empathische Hinhören und die Umsetzung des Gehörten in eigene Stimmungen.

Silben hüpfen

Um Kindern die Trennung von Silben zu vermitteln, hilft es, diese ganzheitlich zu erleben. Den Kindern bereitet dabei das Hüpfen von Silben viel Freude. Kombiniert mit Bildkarten sowie einer zu den Silben passenden Anzahl von Teppichfliesen ist dies für Kinder sehr einprägsam.
Für das Spiel werden fünf Fliesenreihen ausgelegt: die erste mit einer Fliese, die zweite mit zwei Fliesen usw. Ein Kind wählt eine Bildkarte aus, nennt den abgebildeten Begriff und klatscht dessen Silben, z. B. Trecker. Das Kind entscheidet nun, zu welcher Fliesenreihe es sich zuordnen muss, um gemäß der Silbenzahl die entsprechende Fliesenreihe zu hüpfen. Während das Kind hüpft, sprechen die übrigen Kinder im passenden Rhythmus den Begriff der Bildkarte und klatschen hierzu in die Hände.

Material

15 Teppichfliesen, Bildkarten

Der missglückte Zauber

Ein Kind geht als Zauberlehrling mit Hut und Zauberstab im Stuhlkreis umher, während die anderen Kinder rhythmisch sprechen: „Zauberlehrling, sag geschwind: In was verzauberst du das Kind?“ Der Zauberlehrling bleibt am Ende des Verses bei einem Kind stehen, bewegt seinen Zauberstab und spricht: „Hokuspokus, das wär fein, du sollst jetzt ein/e ... sein!“ Hier kann es z. B. ein Tier, ein Möbelstück oder ein Lebensmittel einsetzen. Das ausgewählte Kind klatscht die Silben des Wortes und spricht dazu beispielsweise: „Scho-ko-la-de soll ich sein? Nein, nein, nein. Dieser Zauber war wohl nix, geh 4-mal weiter, aber fix.“ Dabei setzt das Kind die Anzahl der Silben ein, im Beispiel: 4. Der Zauberlehrling geht die entsprechende Anzahl von Kindern im Kreis weiter und tauscht mit dem Kind an dieser Stelle den Platz. Dieses Kind ist der neue Zauberlehrling.

Material

Hut, Zauberstab

Der Raptanz

Jedes Kind überlegt sich zu einem vorgegebenen Thema, z. B. Winter, ein Wort. Im Kreis stellt nun jedes Kind sein Wort vor, indem es die einzelnen Silben spricht und entsprechend dazu klatscht. Die anderen wiederholen das Wort auf dieselbe Weise. Anschließend wird überlegt, mit welchen „Körpergeräuschen" (schnipsen, stampfen, patschen, klatschen ...) die Wörter zudem rhythmisch unterlegt werden könnten. Wie zuvor werden nun die Wörter von den Kindern vorgemacht und von den anderen wiederholt.

Aus 2–4 Wörtern wird dann eine Wortkette gebildet, z. B. Schnee-mann, Win-ter, Eis. Gemeinsam wird die Wortkette im Rhythmus mit den entsprechenden Geräuschen gesprochen. So wird auch mit allen anderen Wörtern verfahren, sodass mehrere Wortketten entstehen.

Im Anschluss werden 2–3 Wortketten aneinandergereiht, z. B. Schnee-glöck-chen, Ski-fah-ren, Schneemann, Win-ter, Eis. Die Wortketten werden mehrfach hintereinandergesetzt und gemeinsam wiederholt. Dabei können z. B. die Geschwindigkeit oder Lautstärke variieren.

Ist der Rhythmus vertraut, werden die Körpergeräusche durch einfache Bewegungen, z. B. mit dem rechten Fuß auftippen oder ein Schritt vor/zurück, ergänzt. Zudem kann zwischen den einzelnen Wortketten ein Sprung um eine Vierteldrehung eingebaut werden. So entsteht ein kleiner Raptanz.

Hinweis

Durch das Sprechen der Silben und die Unterstützung durch Geräusche und Bewegungen spüren die Kinder den Rhythmus mit dem ganzen Körper.

Vom Wort zum Satz
Spiele zu Morphologie und Syntax

Flugschule für Tiere

Die Kinder halten je ein Stofftier in der Hand und stellen sich in einem Abstand von ca. 2 m vor einen allein stehenden Tisch. In der „1. Flugstunde" werfen die Kinder die Tiere nacheinander in Richtung Tisch und beschreiben, wo ihr Tier gelandet ist, z. B.: „Mein Bär liegt hinter/unter/auf dem Tisch." Nach mehreren Durchgängen folgt die „2. Flugstunde". Nun sagen die Kinder vor dem Wurf, wo ihr Tier landen soll, und versuchen, es gezielt dorthin zu werfen, z. B.: „Mein Bär landet unter dem Tisch." Sollte dies nicht gelingen, ist es nicht schlimm, denn es ist ja eine „Flugschule". Die Spielleitung sagt dann beispielsweise: „Da hat der Bär sich wohl verflogen, wo ist er denn gelandet?", und ermuntert das Kind so zu einer Antwort.

Material

ein Stofftier für jedes Kind

Frosch im Teich

Die Kinder sitzen mit ausreichend Platz zum Nachbarn auf Stühlen im Kreis. Die Spielleitung liest den Kindern folgende Geschichte vor. Während die Geschichte vorgelesen wird, achten die Kinder auf die Präpositionen „auf“, „unter“, „hinter“, „vor“ und „neben“. Entsprechend der genannten Präposition stellen sie sich schnell in die genannte Position zu ihrem Stuhl (vor den Stuhl, hinter den Stuhl ...).

Geschichte

Eines Tages saß der Frosch auf einem Seerosenblatt mitten in dem schönen Teich neben dem Wald. Da entdeckte er plötzlich hinter dem Busch am Waldrand einen riesigen Storch. Der Storch hatte den Frosch auch gesehen und flog schnell vor den Busch. Schnell überlegte sich der Frosch ein sicheres Versteck, hüpfte in den Teich und schwamm unter das Seerosenblatt. Der Storch guckte dumm und flog auf einen großen Baum neben dem Teich. Er setzte sich auf einen Ast und schaute in den Teich. Er konnte den Frosch nirgends entdecken, nicht hinter dem Schilf, nicht auf den Steinen und nicht unter der Seerose. Das wurde dem

Storch nun viel zu langweilig. Er flog hoch in die Luft und verschwand hinter dem Wald. Der Frosch kam unter dem Seerosenblatt hervor. Er guckte auf den Baum und neben den Teich, aber er konnte den Storch nicht sehen. Glücklich sprang er auf das Seerosenblatt und beobachtete die Fische unter der Wasseroberfläche.

Hinweis

Mit diesem Spiel wird neben dem Heraushören der Signalwörter auch die Konzentration, gutes Zuhören und die Raumwahrnehmung durch die Positionseinnahme der Präpositionen geschult. Eine Herausforderung liegt darin, dem Text während der Bewegung weiter zuzuhören, um die entsprechenden Signalwörter schnell herauszuhören und umzusetzen.

Mandala mit Igelbällen

Die Spielleitung bereitet ein Bewegungs-Mandala vor: Ein Gymnastikreifen wird in die Mitte gelegt, von dort führen rote und gelbe Stoffstreifen (stets abwechselnd) strahlenförmig nach außen. Jeweils ein Igelball schließt sich an und je eine Teppichfliese bildet den äußeren Abschluss.
Das große Boden-Mandala erinnert an eine Sonne. Die Teppichfliesen gelten als „Häuschen“ und jedes Kind stellt sich auf sein „Häuschen“. Die Spielleitung muntert die Kinder dazu auf, stets gruppenweise bestimmte Aufgaben durchzuführen. So agieren abwechselnd entweder die Kinder, die einen roten Stoffstreifen vor sich haben, oder die, die einen gelben Stoffstreifen vor sich haben.
Die Kinder bringen ihre kreativen Ideen mit ein und formulieren dazu selbst Aufgaben.

Beispiele für Aufgaben

- den Igelball *auf* dem vor sich liegenden Streifen bis zum Ende und wieder zurückrollen
- den Ball *um* den Streifen herumrollen
- den Ball *in* den Streifen einwickeln

- den Ball *über* den Streifen hinweg bis zum Reifen rollen
- den Ball *innen* an den Reifenrand legen
- sich rechts *neben* den Stoffstreifen stellen und dann im Slalom um alle Streifen herumgehen, bis jedes Kind wieder an seinem Platz ist
- sich rechts *neben* den Streifen stellen und in eine Richtung Schritte *über* die Stoffstreifen machen, ohne diese zu berühren

Zur Ruhe kommend kann zum Schluss zusammengefasst werden, welch unterschiedliche Übungen die Gruppe mit den Streifen und Bällen durchgeführt hat.

Material

Gymnastikreifen, je ein Stoffstreifen, ein Igelball und eine Teppichfliese pro Kind

(Spielidee nach: M. Bücken-Schaal, Hüpfen, legen, tasten, schmecken – Mandalas ganz neu entdecken, Don Bosco 2015)

Du kickst jetzt mit dem Fuß

Das Bilden der 2. Person Singular (du kickst) ist besonders schwierig. Dieses Bewegungsspiel bietet eine Möglichkeit, Verben in der 2. Person zu bilden und zu hören. Haben die Kinder die Grammatikregel einmal verinnerlicht, gelingt es ihnen auch, sie auf andere Verben zu übertragen.
Für das Spiel werden folgende Strophen zur Melodie des Liedes „Ein Schneider fing ’ne Maus“ gesungen und mit passenden Bewegungen begleitet.

1. Du stampfst jetzt auf der Stell’.
   Du stampfst jetzt auf der Stell’.
   Du stampfst, so gut du stampfen kannst.
   Stampf, stampf, jam pam pam,
   du stampfst jetzt auf der Stell’.

2. Du hüpfst auf einem Bein.
   Du hüpfst auf einem Bein.
   Du hüpfst, so gut du hüpfen kannst.
   Hüpf, hüpf, jam pam pam,
   du hüpfst auf einem Bein.

3. Du nickst jetzt mit dem Kopf.
Du nickst jetzt mit dem Kopf.
Du nickst, so gut du nicken kannst.
Nick, nick, jam pam pam,
du nickst jetzt mit dem Kopf.

4. Du kickst jetzt mit dem Fuß.
Du kickst jetzt mit dem Fuß.
Du kickst, so gut du kicken kannst.
Kick, kick, jam pam pam,
du kickst jetzt mit dem Fuß.

5. Du drehst dich jetzt im Kreis.
Du drehst dich jetzt im Kreis.
Du drehst dich rundherum im Kreis.
Dri, dra, jam pam pam,
und plumpst dann hin ganz leis.

Wenige – mehr – am meisten

Insbesondere ein Wimmelbuch bietet vielerlei Anlässe, um zu sprechen. Beim Betrachten des Buches mit den Kindern können sehr leicht Vergleiche angestellt und formuliert werden.

Beispiele

- Auf welcher Weide stehen mehr Tiere? Wo sind die meisten?
- Wer backt die kleineren Brote – wer die größeren?
- Wer klettert am höchsten?
- Wer kann besser jonglieren?
- Welches Tier schaut fröhlicher aus – welches am fröhlichsten?

Material

Wimmelbuch

Ein Ball – drei Bälle

Um die Bildung von Singular (Einzahl) und Plural (Mehrzahl) in den Mittelpunkt eines Spieles zu stellen, eignet sich ein Memo-Spiel. Dieses kann selbst gestaltet, z. B. gemalt, werden.

Jedes Memo-Paar besteht aus einer Karte, auf der ein Gegenstand mehrfach abgebildet ist (drei Bälle, zwei Tische, fünf Trecker ...), und einer Karte, auf der der entsprechende Gegenstand in der Einzahl zu sehen ist.

Beim Spiel werden die Gegenstände nach dem Aufdecken gezählt und benannt. So wird die Singular- und Pluralbildung spielerisch immer wieder gehört und gebildet.

Material

Karten für Memo-Spiel

Sätze würfeln

Für dieses Spiel werden zwei Würfel mit Einstecktaschen mit Bildmaterial bestückt. Für den ersten Würfel werden Abbildungen von Substantiven verwendet (z. B. Frau, Mann, drei Kinder, Feuerwehrmann, Hund). Der zweite Würfel erhält Abbildungen, die Verben erkennen lassen (z. B. gehen, laufen, hüpfen, pfeifen, winken). Nun dürfen zwei Kinder mit den beiden Würfeln auf dem Boden würfeln. Die Kinder beginnen den Satz mit dem abgebildeten Begriff des ersten Würfels und schließen das konjugierte Verb des zweiten Würfels an, z. B.: „Der Feuerwehrmann läuft."

Hinweis

Es ist ratsam, für die Abbildungen der Verben ausschließlich die entsprechenden Körperteile zu skizzieren, z. B. laufende Beine oder eine winkende Hand.

Material

zwei Würfel mit Einstecktaschen, Bildmaterial

Schubs den Satz

Die Kinder und die Spielleitung sitzen breitbeinig und Fuß an Fuß auf dem Boden im Kreis. Auf einem Timer werden zwei Minuten eingestellt. Beim Startsignal nimmt die Spielleitung einen Gegenstand, z.B. einen Stoffhasen, und sagt einen Satz über diesen Hasen, beispielsweise: „Der Hase ist ein Tier." Danach wird der Hase quer durch den Kreis zu einem anderen Kind geschubst. Dieses Kind hält den Hasen kurz bei sich und sagt ebenfalls einen ganzen Satz über den Hasen, z.B.: „Der Hase lebt im Wald." Anschließend schubst es den Hasen weiter zum nächsten Kind. So geht es weiter, bis die Zeit vorbei ist. Bereits Genanntes darf nicht wiederholt werden.
Schnelligkeit kommt ins Spiel, wenn die Aufgabe lautet, so viele Sätze wie möglich in der festgelegten Zeit zu sammeln. Dabei liegt der Schwerpunkt auf der richtigen Satzgrammatik.

Material

Timer, verschiedene Gegenstände

Toluga

Den Kindern wird folgende Geschichte erzählt, wobei sie an den passenden Stellen mit verstellter Stimme und den entsprechenden Gesten begleitet wird:

Auf der Insel Toluga lebte der grimmige Seeräuber Grumpfgrumpf *(grimmig gucken)* mit seiner Mannschaft. Das waren der dicke Koch Mmhlecker *(Bauch reiben)*, der faule Matrose Ochnö *(Kopf und Arme hängen lassen)* und der vorlaute Papagei Ahoi-Ahoi *(krächzend gesprochen)*. Eines Abends sagte der grimmige Seeräuber Grumpfgrumpf *(grimmig gucken)*: „Morgen machen wir das alte Boot wieder fit." Als er am Morgen anfangen wollte, suchte er den dicken Koch Mmhlecker *(Bauch reiben)*, fand ihn aber nicht. Da suchte er den faulen Matrosen Ochnö *(Kopf und Arme hängen lassen)*, fand ihn aber auch nicht. Da suchte er den vorlauten Papagei Ahoi-Ahoi *(krächzend gesprochen)*, fand ihn aber ebenso nicht. Wütend ging der grimmige Seeräuber Grumpfgrumpf *(grimmig gucken)* zum Boot. Plötzlich hörte er seltsame Geräusche. Er näherte sich leise *(„taptap")* seiner Kajüte, öffnete vorsichtig die Tür *(quietschendes Geräusch)* und was sah er da? Seinen dicken Koch Mmhlecker *(Bauch reiben)*, seinen faulen Matrosen

Ochnö *(Kopf und Arme hängen lassen)* und den vorlauten Papagei Ahoi-Ahoi *(krächzend gesprochen)*. Sie faulenzten alle in seiner Hängematte. Da scheuchte er sie alle an die Arbeit, den dicken Koch Mmhlecker *(Bauch reiben)*, den faulen Matrosen Ochnö *(Kopf und Arme hängen lassen)* und den vorlauten Papagei Ahoi-Ahoi *(krächzend gesprochen)*, legte sich selbst in seine Kajüte und schnarchte, so laut er konnte *(Schnarchgeräusche)*.

Hinweis

Das Imperfekt (1. Vergangenheit, z. B. er ging) wird in der gesprochenen Sprache meist durch das Perfekt ersetzt (2. Vergangenheit, z. B. er ist gegangen) und kommt überwiegend nur noch in Geschichten vor. Durch die wiederkehrenden Sätze, Gesten und Geräusche der Geschichte prägen sich die Vergangenheitsformen der Verben bei den Kindern leicht ein.

Tassenkuchen

Kinder lieben es, Kuchen zu backen. Damit sie möglichst selbstständig mitmachen können, empfehlen sich Tassenrezepte, bei denen die Zutaten mit einer Tasse abgemessen werden.
Das Rezept sollte für die Kinder zuvor aufgemalt werden, wobei die Begriffe „Tasse“ und „Päckchen“ durch kleine Abbildungen dargestellt werden. Die Zutaten werden ebenfalls aufgemalt.
Beim Backen „lesen“ die Kinder dann Schritt für Schritt vor, was zum Teig dazugegeben wird. Dabei werden bei den Tassenangaben die Singular- und Pluralformen verwendet.

Rezept

3 Tassen Mehl
2 Tassen Zucker
1 Tasse Öl
1 Tasse Limo
1 Päckchen Backpulver
1 Päckchen Vanillezucker

Die Zutaten werden verrührt, in eine Backform gefüllt und 40–45 Minuten bei 180° C gebacken.

Komm, wir spielen und erzählen uns was

Spiele zu Pragmatik und Literacy

Zauberlehrling Ritzi-Pitzi

Zu Beginn des Spieles wird festgelegt, wer der Zauberlehrling sein darf. Dieses Kind erhält einen Zauberstab. Der folgende Text wird abwechselnd von der Gruppe, dem Zauberlehrling, der Spielleitung, dem Zauberlehrling und wiederum der ganzen Gruppe gesprochen. Der Zauberlehrling darf sich dabei ein Tier aussuchen. Die Spielleitung ergänzt anschließend im Vers eine passende Bewegung, die die Kinder ausführen. Beim letzten Satz wird der Zauberstab einem anderen Kind, dem neuen Zauberlehrling, überreicht.

(Gruppe:)
***Rit**zi-**Pit**zi, **Rit**zi-**Rum**,*
***ist** dein **Na**me, **ba**bo **bum**.*

(Zauberlehrling schwingt den Zauberstab über der Kindergruppe:)
***Bin** ein **Zau**ber**lehr**ling **klein**,*
***ihr** sollt **al**le (**Frö**sche) **sein**.*

(Spielleitung:)
*(**Frö**sche) (**hüp**fen) **hin** und **her**,*
***das** ist **wirk**lich **gar** nicht **schwer**.*

(Zauberlehrling:)
***Rit**zi-**Pit**zi, **Rit**zi-**Rum**,*
***ba**ba, **ba**bo, **bo**bo, **bum**.*

(Gruppe:)
Und** nun **darf** ein **an**dres **Kind
***jetzt** hier **zau**bern **ganz** ge**schwind**.*

Material

Zauberstab

Lustige Knetgummi-geschichte

Kneten ist bei Kindern sehr beliebt. Daher bietet es sich an, geknetete Figuren in eine lustige Geschichte einzubauen. Kinder sind besonders motiviert, mit Knete Dinge zu formen, die eine Geschichte erzählen. Begonnen werden kann mit einem beliebigen Gegenstand, den die Kinder geknetet haben, z. B. mit einer Schnecke. Die Spielleitung beginnt dann beispielsweise folgendermaßen: „Schaut mal die kleine Schnecke an. Sie hätte so gern einen Freund, mit dem sie etwas erleben kann."
Anschließend werden die Ideen der Kinder aufgegriffen. Die Kinder können dabei von der Spielleitung mit Fragen unterstützt werden, beispielsweise:

- Wer könnte der Freund der Schnecke werden?
- Was nehmen die beiden mit?
- Wer könnte ihnen denn begegnen?
- Wer knetet etwas, das sie fressen können?

Hinweis

Mit Knete lassen sich verschiedenste Dinge formen. In der Fantasie der Kinder können selbst kleine Stückchen Knete als Schnee oder Brotkrümel erkannt werden. So können alle Kinder mitmachen, egal wie geschickt sie beim Kneten sind. Dabei entstehen oft lustige Geschichten.

Material

Knete

Hat mein Tier einen Schnabel?

Auf dem Rücken jedes Kindes wird ein Tierbild (wenn möglich laminiert) mit Kreppklebeband befestigt.
Ziel des Spieles ist es, durch Fragen zu erraten, welches Tier auf dem eigenen Rücken abgebildet ist. Dazu finden sich immer zwei Kinder zusammen, die abwechselnd eine Frage zum eigenen Tier stellen und dem anderen Kind eine Antwort auf dessen Frage geben.
Die Kinder können beispielsweise folgende Fragen stellen:

- Hat mein Tier einen Schnabel?
- Bekommt mein Tier manchmal eine Leine um den Hals?
- Frisst mein Tier gerne Mäuse?
- Hält mein Tier einen Winterschlaf?

Hinweis

Bei drei- bis vierjährigen Kindern empfiehlt es sich, zu Beginn des Spieles die verschiedenen Tierbilder zu zeigen und über die Besonderheiten der Tiere zu sprechen.

Material

Tierbilder, Kreppklebeband

Mit Taschenlampe auf Geschichtenfang

Taschenlampen faszinieren viele Kinder. In diesem Spiel wird eine Taschenlampe verwendet, um eine Auswahl von Personen/Gegenständen festzulegen, mit denen dann spontan eine Geschichte erfunden wird.
Ein Kind lässt eine leuchtende Taschenlampe über einem Wimmelbuch kreisen und setzt sie anschließend auf einer beliebigen Stelle des Buches ab. Nun soll mit den Abbildungen unmittelbar um die abgestellte Taschenlampe eine Geschichte erzählt werden. Die Spielleitung bindet die Kinder ein und fragt, wer eine Idee dazu hat. Auch ist interessant, welch unterschiedliche Geschichten dabei entstehen können.

Material

Taschenlampe, Wimmelbuch

Eine Regenjacke erzählt

Zu Beginn jeder Woche finden in vielen Kindergärten Erzählkreise statt, in denen die Kinder von ihren Erlebnissen erzählen. Als Alternative bietet sich an, zu hören, was verschiedene Dinge am Wochenende im Kindergarten erlebt haben, z. B. die gelbe Regenjacke, der Gummistiefel oder das Spielzeugauto. Dazu nimmt ein Kind den Gegenstand und „horcht" zunächst, was dieser „erlebt" hat. Danach erzählt es dies den anderen Kindern. Die Spielleitung kann dabei das Kind mit offenen Fragen beim Erzählen unterstützen, z. B. folgendermaßen: Woher könnte das Auto gekommen sein? Wen oder was hat es dort wohl getroffen? War die Jacke wirklich die ganze Zeit am Haken?

Hinweis

Die Fantasie der Kinder anzuregen, ihnen Sprechanlässe zu geben und ihre Sprechfreude zu wecken, ist die wichtigste und beste Möglichkeit, ihre sprachlichen Fähigkeiten zu fördern.

Spinne Borstenwade

Mit einem Seil wird im Bewegungsraum ein großer Kreis als Spinnennetz gelegt und in der Mitte ein Reifen platziert. Ein Kind wird zur Spinne ernannt und sitzt in der Hocke im Reifen. Die anderen Kinder spielen Fliegen und stellen sich rundherum auf das Seil. Das Fangspiel beginnt mit einem Wechselruf:

(Alle:)
Alte Spinne Borstenwade,
was machst du grade?

(Spinne überlegt sich eine Tätigkeit, z. B.:)
Strümpfe stricken!

(Alle:)
Wie lange noch?

(Spinne nennt eine Zahl im Zahlenraum bis 5, z. B.:)
4 Stunden!

Die Kinder gehen nun 4-mal Fuß vor Fuß auf die Mitte zu. Dann wiederholt sich der Wechselruf. Sind die Kinder nah genug, antwortet die Spinne auf die Frage „Was machst du grade?“ mit „Fliegen fressen!“.
Die Kinder laufen schnell zurück zum Seil und die Spinne versucht, ein Kind innerhalb des Kreises zu fangen, das dann in der nächsten Runde die Spinne ist. Gelingt dies nicht, ist sie nochmal an der Reihe.

Material

Reifen, langes Seil

Stinkesocke

Die Kinder sitzen im Kreis und machen zu jedem Satz des nachfolgenden Verses all diese Bewegungen im Rhythmus dazu. Dabei wird jeder Satz des Verses zweimal gesprochen.

- mit beiden Händen auf die Beine patschen
- in die Hände klatschen
- mit dem rechten Daumen über die rechte Schulter zeigen
- mit dem linken Daumen über die linke Schulter zeigen

Vers

(Alle:)
***Puh**, was **stinkt hier**?*

(Alle:)
*(**Em**mas) **Socken stin-ken**.*

(Emma:)
***Me**ine **So**cken, **oh nein**!*

(Alle:)
***Dei**ne **nicht**? – **Wel**che **dann**?*

Beim zweiten Durchgang wird der erste Satz weggelassen und vom letztgenannten Kind ein neuer Name in den zweiten Satz eingesetzt. Wenn jeder an der Reihe war, ist das Spiel vorbei.

Hinweis

Beim Wechsel zwischen den verschiedenen Klatsch- und Zeigebewegungen entsteht eine kurze Pause, die auch das Sprechen von zweisilbigen Wörtern ermöglicht. Dabei wird die erste Silbe betont.

Schenkt mir eine Geschichte

Jede Gruppe hat ihre eigenen Rituale für die Geburtstagsfeiern der Kinder.
Eine Möglichkeit ist das Erzählen einer Geburtstagsgeschichte. Das Geburtstagskind wählt hierfür viele Gegenstände aus und legt sie in die Mitte des Kreises. Nun überlegen sich die Kinder/die Erzieherinnen zu diesen Dingen eine Geschichte. Dabei wird immer ein Gegenstand in die Geschichte eingebaut und anschließend zur Seite gelegt. Alle Dinge müssen in der Geschichte zumindest einmal vorkommen, dürfen aber auch mehrfach genannt werden.

Tipps

- Schreibt man die Geschichte mit, kann sie dem Geburtstagskind anschließend als Geschenk überreicht werden.
- Besonders lustig wird es, wenn das Geburtstagskind auch Kinder in die Mitte des Kreises bittet, die ebenfalls in der Geschichte mitspielen.

Seid geschwind – wer gewinnt?

Die Kinder werden in zwei bis drei Gruppen eingeteilt. In jeder Gruppe soll ein Kind versteckt werden und zwar so, dass von ihm höchstens der Kopf zu sehen ist. Den Kindern stehen keinerlei Materialien zur Verfügung.
Die Kinder sollen sich hierzu in den Gruppen absprechen, wie sie das Kind am besten verstecken können. Hierbei können sie sich beispielsweise folgende Fragen stellen und miteinander besprechen:

- Können wir das Kind unter uns verstecken?
- Können wir uns so um das Kind stellen, dass es niemand mehr sieht?

Während des Spieles soll es dem Kind, das versteckt wird, selbstverständlich jederzeit gut gehen. Das Abwägen und Ausprobieren und sich in die Lage des einzelnen Kindes hineinzuversetzen, stehen im Mittelpunkt dieses Spieles. Welche Gruppe schafft es zuerst?

Und jetzt?

Die Spielleitung beginnt, eine Geschichte zu erzählen, um zwischendurch innezuhalten und sie spontan von einem der Kinder fortsetzen zu lassen.
Dabei geben die Kinder in den Erzählpausen der Spielleitung entweder nur eine kurze Antwort oder das jeweilige Kind führt die Geschichte so lange fort, bis es seinerseits innehält und auf die Fortsetzung eines anderen Kindes wartet.

Beispiel für eine Geschichte

Als ich heute Morgen aufwachte, hüpfte ich aus dem Bett, schlüpfte in meine Pantoffeln und ging zum offenen Fenster. Von draußen hörte ich ... *(ein Kind ergänzt)*. Nach einer Weile ging ich ins Bad. Dort wäre ich fast gestolpert. Da lag doch tatsächlich ... *(ein Kind ergänzt)*. Wie kam das denn hierhin? ... *(Ein Kind ergänzt.)* Als ich mich angezogen hatte, ging ich in die Küche und öffnete die Kühlschranktür. Ich sah ...

ISBN 978-3-7698-2373-8

ISBN 978-3-7698-2376-9

ISBN 978-3-7698-2375-2

ISBN 978-3-7698-2356-1

ISBN 978-3-7698-2358-5

ISBN 978-3-7698-2359-2

ISBN 978-3-7698-2357-8

ISBN 978-3-7698-2313-4

ISBN 978-3-7698-2312-7